AF370178

CATALOGUE

DE

DESSINS,

pour la plupart de maîtres anciens,

DONT LA VENTE AURA LIEU

le Lundi 8 Mars 1869,

à **SIX** heures de l'après-midi,

dans une des salles de la Société : DE VEREENIGING,

entrée Willemstraat, à **LA HAYE**,

SOUS LA DIRECTION DE

A. G. DE VISSER.

———⋄≍⋄———

EXPOSITION PUBLIQUE:

le jour de la vente de 11 à 4 heures.

———

Le Catalogue se distribue chez le Directeur de la vente,
à son domicile, Papestraat 23.

Pour la vente de Tableaux, Dessins, Estampes, Ouvrages
à figures et Objets d'art, s'adresser au directeur
A. G. DE VISSER, *Papestraat*, 23, à la Haye.

Conditions de la vente.

La vente se fera au comptant, en argent des Pays-Bas, avec augmentation de dix pourcent, applicables aux frais.

Le payement se fera à MM. Furnée & Cie., Caissiers de la vente.

Les personnes solvables connues au Directeur ou aux Caissiers de la vente, pourront jouir d'un délai de deux mois.

Les objets vendus devront être retirés immédiatement aprés la vente, le vendeur se réservant le droit de revendre les objets non-retirés, au risque et péril de l'acheteur défaillant.

Après l'adjudication aucune réclamation ne sera admise, pour quelle cause que ce soit.

AVIS.

Les dessins désignés dans le présent catalogue, proviennent des collections BAARTZ, BAGELAAR, BARNARD, DE BURLETT, VAN CRANENBURGH, ESDAILE, DE JONGH, PLOOS VAN AMSTEL, VERSTOLK DE SOELEN, VAN VOORST, DE VOS, e. a.

Les anciennes attributions ont été conservées.

Les sujets historiques et les portraits, qui s'y trouvent, sont en partie non-publiés, tandis que plusieurs autres sont les originaux. qui ont servi pour la gravure.

EXPOSITION PARTICULIÈRE.

Du Jeudi 4 jusqu'au Dimanche 7 Mars, de midi jusqu'à quatre heures, au domicile du Directeur de la vente,
Papestraat, 23.

☞ M. A.-G. DE VISSER, Directeur de la vente, se chargera *gratuitement* des commissions, qu'on voudra lui adresser.

MM. les amateurs qui désireraient avoir des indications sont priés de s'adresser à lui.

Adresse des Caissiers de la vente: M.M. Furnée & Cie.
Banque, change et recouvrements, traites sur l'étranger, achat et vente de fonds publics, Noordeinde, 102, à La Haye.

Catalogue de Dessins.

J. ASSELYN.

1 Fabriques près d'un pont en ruines. Au bistre.

E. W. J. BAGELAAR.

2 Divers sujets, 5 pièces, dont 3 sont des imitations de dessins.

D. BAILLY.

3 Portraits de Nicolas Reigersbergen, beau-frère de H. Grotius, et de son épouse, 2 pièces. A la plume, lavé d'encre de Chine.

L. BAKHUIZEN.

4 Port de mer. A la plume, lavé d'encre de Chine.

5 Mer agitée. A la plume, lavé de bistre.

6 Eau calme. A l'encre de Chine.

7 Tempête. A la plume, lavé de bistre et d'encre de Chine.

A. DE BAKKER.

8 Figure académique de jeune femme. A la pierre noire, rehaussé de blanc, sur papier bleu.

A. BALLESTRA.

9 Descente de croix. Au bistre, sur papier bleu.

A. VAN BEERESTRATEN.

10 Bataille navale entre les hollandais sous l'amiral M. H. Tromp et les anglais sous l'amiral Pen, en 1653. A la plume, lavé d'encre de Chine.

11 Bataille navale près de Livourne entre les hollandais sous le commandeur J. van Galen et les anglais sous le commandeur Appleton, en 1653. A la plume, lavé de bistre. Avec la gravure de *B. Stoopendael.*

C. BEGA.

12 Etude de femme assise. A la pierre noire, rehaussé de blanc, sur papier bleu.

N. BERGHEM.

13 Etude de trois têtes de moutons. A la pierre noire, sur peau de vélin.

14 Etudes de têtes de mouton, de vache et d'un chien endormi, 3 pièces. A la pierre noire.

15 Paysage avec bétail. Au bistre.

J. DE BISSCHOP dit EPISCOPIUS.

16 Vue de Ponte Lucano, près de Tivoli. Au bistre.

D. DE BLIEK.

17 Intérieur d'église. A l'encre de Chine.

A. BLOEMAERT.

18 Agar et Ismaël. A la plume, lavé en couleurs, rehaussé de blanc.

P. VAN BLOEMEN.

19 Mule chargé. A l'encre de Chine.

20 Etude de cheval couché. A l'encre de Chine.

A. VAN BORSSUM.

21 Oiseaux aquatiques, 2 pièces. A la plume, au bistre.

22 Vues de Dordrecht, 2 pièces. A la plume, lavé en couleurs.

P. BOUT.

23 Paysage avec figures et animaux. A l'encre de Chine, sur peau de vélin.

B. BREENBERG.

24 La grotte de la nymphe Egérie aux environs de Rome. A la plume, lavé de bistre.

25 Vue des ruines du temple de Vesta. A la plume, lavé de bistre.

Q. VAN BREKELENKAMP.

26 Le portrait de l'artiste. A la pierre noire et à la sanguine.

J. BREUGHEL dit DE VELOURS.

27 Débarcation de figures dans un paysage rempli de bêtes féroces. A la plume, lavé de bistre.

28 Port de Flandre. A la plume, lavé de bistre et d'indigo.

29 Vue d'un ancien couvent (Baseliers Hof 1609), dans les environs de Bois-le-Duc. A la plume, lavé de bistre et d'indigo.

30 Etudes de chariots et de figures. A la plume, lavé en couleurs.

P. BRIL.

31 Paysage montagneux animé par des fabriques et des figures. A la plume, lavé de bistre et d'indigo.

J. BUYS.

32 P. P. Hein, Amiral. A l'encre de Chine.

33 A. Valckenier, Gouverneur-général des Indes-Orientales. A l'encre de Chine.

34 J. A. Zoutman, Vice-amiral. A l'encre de Chine.

W. BUYTENWECH.

35 Intérieurs avec figures, 2 pièces de forme ronde. A la pierre noire, sur papier gris.

36 Figures et masques, 4 pièces. A la plume, lavé de bistre et d'encre de Chine.

A. VAN DER CABEL.

87 Paysage avec un troupeau et des muletiers. A l'encre de Chine.

J. CALLOT.

38 Vue de ville de France. A la plume, lavé d'encre de Chine.

Annibal CARRACHE.

39 Port avec pêcheurs. A la plume.

40 Ermite dans une grotte. A la plume, lavé de bistre.

41 Etude de jeune fille avec un pot. A la plume, lavé de bistre.

J.-B. CASTIGLIONE.

42 Allégorie sur la nature. A la plume, lavé d'encre de Chine.

P. de CHAMPAIGNE.

43 Etude d'une tête d'homme. A la pierre noire, rehaussé de blanc, sur papier gris.

V. CLOTZ.

44 Vue de Nieuwen Hoorn en 1672. A la plume, lavé d'encre de Chine.

45 Vue de Blasvelt en 1675. A l'encre de Chine.

46 Vue de Maeseyck en 1674. A l'encre de Chine.

M. CORNEILLE.

47 Etude de têtes de femmes. A la pierre noire, sur papier gris.

48 Etude d'une tête de vieillard. A la pierre noire, sur papier gris.

49 Sujet de la Fable. A la sanguine.

A. CUYP.

50 Vue générale de Harlem. A la pierre noire, lavé de bistre et d'encre de Chine. Pièce capitale.

51 Ruine de l'abbaye de Rynsburg. A la pierre noire, lavé en couleurs.

52 Paysage avec la vue d'un village. A la pierre noire, lavé d'encre de Chine.

53 Vue de Dordrecht. A la pierre noire et à la mine de plomb.

54 Autre vue de Dordrecht. A la pierre noire, lavé d'encre de Chine.

55 Autre vue de Dordrecht (de Vuylpoort.) Au bistre.

56 Vue près de Dordrecht. Au bistre et à l'encre de Chine.

C. van DALEN, *le jeune.*

57 Giorgione da Castel Franco, peintre. A la pierre noire, lavé d'encre de Chine. Avec la gravure.

D. DALENS.

58 Paysages avec des anciennes portes, 2 pièces. A l'encre de Chine.

Dessinateurs anonymes.

59 Feuille d'étude. A la sanguine et à la pierre noire.

60 L'ancien palais des Stadhouder à La Haye. A la plume, lavé d'encre de Chine.

61 Fleurs et coquilles. A l'aquarelle, sur peau de vélin.

62 Fleurs. A l'aquarelle, sur peau de vélin.

Dessinateurs anonymes

63 Laurens Jansz. Coster, Inventeur de l'imprimerie en Hollande. A la plume, lavé d'encre de Chine, sur peau de vélin.

64 Laurens Jacobsz Alteras, Vice-amiral de Zélande. A la plume, sur peau de vélin.

65 Joos van Trappen, dit Banckert, Vice-amiral de Zélande. A la plume, sur peau de vélin.

66 Adrien Maartensz Blok, Commandeur aux Indes-Orientales. A la plume, sur papier de vélin.

67 Louis de Boisot, Amiral de Zélande. A la plume, sur peau de vélin.

68 Guillaume Ysbrandsz Bontekoe, Navigateur. A la plume, sur peau de vélin.

69 Pierre Both, Gouverneur-général des Indes-Orientales. A la plume, sur peau de vélin.

70 Pierre van den Broecke, Directeur de Suratte, navigateur. A la plume, sur peau de vélin.

71 Paul van Caerden, Amiral aux Indes-Orientales. A la plume, sur peau de vélin.

72 Reinier Claeszen, Vice-amiral de Hollande. A la plume, sur peau de vélin.

73 Jean Pierre Coen, Gouverneur-général des Indes-Orientales. A la plume, sur peau de vélin.

74 Jean Evertsen, Vice-amiral de Zélande. A la plume, sur peau de vélin.

75 Bouwen Ewoutsz, Amiral de Zélande. A la plume, sur peau de vélin.

76 Etienne van der Hagen, Amiral aux Indes-Orientales. A la plume, sur peau de vélin.

77 Guillaume de Zoete, dit Haultain, Amiral de Zélande. A la plume, sur peau de vélin.

78 Jacques de Heemskerck, Amiral de Hollande. A la plume, sur peau de vélin.

79 Wolphart Hermansz, Amiral aux Indes-Orientales. A la plume, sur peau de vélin.

80 Jacques l'Hermite, Amiral dans la mer du Sud. A la plume, sur peau de vélin.

81 Marinus Hollare, Vice-amiral de Zélande. A la plume, sur peau de vélin.

82 Corneille Houtman, Navigateur. A la plume, sur peau de vélin.

83 Sébastien de Lange, Amiral de Vere. A la plume, sur peau de vélin.

84 Henri Corneille Lonck, Amiral. A la plume, sur peau de vélin.

85 Guillaume de Lumay, Comte de la Marcq, Amiral des Gueux de mer. A la plume, sur peau de vélin.

86 Jacques Le Maire, Navigateur. A la plume, sur peau de vélin.

87 Corneille Matelief, Amiral aux Indes-Orientales. A la plume, sur peau de vélin.

88 Joos de Moor, Amiral de Zélande. A la plume, sur peau de vélin.

Dessinateurs anonymes.

89 Justinus de Nassau, Amiral de Zélande. A la plume, sur peau de vélin.

90 Guillaume de Nassau la Lecq, Vice-amiral de Hollande. A la plume, sur peau de vélin.

91 Jacques Simonsz de Ryck, Capitaine des gueux de mer. A la plume, sur peau de vélin.

92 Jacques Specks, Gouverneur-général des Indes-Orientales. A la plume, sur peau de vélin.

93 Abel Janssen Tasman, Navigateur. A la plume, sur peau de vélin.

94 Pierre Guillaume Verhoeven, Amiral aux Indes-Orientales. A la plume, sur peau de vélin.

95 Wybrant van Waerwyck, Amiral aux Indes-Orientales. A la plume, sur peau de vélin.

96 Adam Westerwold, Commandeur aux Indes-Orientales. A la plume, sur peau de vélin.

97 Adrien Willemsz, Amiral de Zierikzee. A la plume, sur peau de vélin.

98 Witte Cornelisz de With, Vice-amiral de Hollande. A la plume, sur peau de vélin.

99 Ewout Pietersz Worst, Amiral de Zélande. A la plume, sur peau de vélin.

S. van der DOES.

100 Paysage avec un troupeau de brébis. A la sanguine.

J. DOOMER.

101 Vue près d'Amboise, en France. A l'encre de Chine, lavé en couleurs.

102 Vue générale d'un paysage avec une rivière. Lavé en couleurs.

W. DOUDYNS.

103 Ornemens, 4 pièces. A la plume, lavé de bistre.

C. DU JARDIN.

104 Un bouc et une brébis couchés sur une petite hauteur. A la pierre noire, lavé d'encre de Chine.

C. DUSART.

105 Paysanne avec une petite fille marchant. A l'aquarelle.

A. van DYCK.

106 Le temps coupant les ailes de l'amour. Au bistre, rehaussé de blanc. Pièce capitale.

107 Etude d'une tête d'homme. A la pierre noire et à la sanguine.

108 Etude de figures d'ecclésiastiques. A la plume.

109 Le cardinal Bentivoglio. A la pierre noire, lavé d'encre de Chine, rehaussé de blanc.

110 M. Mierevelt, peintre. Peint à l'huile, en grisaille.

A. ERKELENS.

111 Paysage avec une rivière. A l'aquarelle.

112 Vue de rivière. Au bistre, lavé en couleurs.

J. ESSELENS.

113 Paysage montagneux. A la plume.

114 Paysage avec une rivière. A la pierre noire, lavé d'encre de Chine.

A. van EVERDINGEN.

115 Paysage avec figures occupés de porter des tourbes dans une grange. Lavé en couleurs.

116 Paysage avec une charrette et un homme occupé de tailler du bois. Au bistre.

117 Paysage avec de gros rochers. Au bistre.

118 Paysage avec fabriques sur une colline. Au bistre.

119 Paysage montagneux avec voyageurs. Au bistre.

120 Vue de rivière avec bateaux. Au bistre.

J. FABER.

121 J. Arminius, Professeur de théologie à Leide. A la plume, lavé d'encre de Chine, sur peau de vélin.

122 P. C. Hooft, Historiographe, poète. A la plume, sur peau de vélin.

123 Const. Huygens, Secrétaire des princes d'Orange, poète. A la plume, sur peau de vélin.

124 Le cardinal Mazarin. A la plume, sur peau de vélin.

J. GLAUBER.

125 Paysage arcadique. A la plume, au bistre et à la sanguine.

J. de GHEYN, *le vieux*.

126 Les trois mages. A la plume, au bistre, sur papier gris.

127 Portrait d'homme. A la plume, au bistre.

128 Portrait d'un évêque. A la plume, au bistre, le fond lavé.

129 Etude de cheval. A la plume, au bistre.

J. de GHEYN, *le jeune*.

130 P. van der Does, Amiral. A la plume, à l'encre de Chine.

131 J. C. van Neck, Navigateur. A la plume, à l'encre de Chine.

J. GOERÉE.

132 Vignette. Au bistre.

H. GOLTZIUS.

133 Buste de femme. A la pierre noire et à la sanguine.

134 Etude de femme. A la sanguine.

135 Autre étude de femme, 1605. A la sanguine.

136 Etude d'enfant. A la pierre noire et à la sanguine, lavé de bistre.

137 Junon. A la pierre noire.

138 Statue de déesse sur un piédestal. Au bistre et à la sanguine.

J. van GOOYEN.

139 Paysage avec un bac 'qui traverse une rivière. A la pierre noire, lavé d'encre de Chine.

J. GRANDJEAN.

140 Vue de Rome. Au bistre. Pièce capitale, en 2 feuilles.

J. de GRAVE.

141 Vue à Heusden, 1691. A la plume, lavé d'encre de Chine.

142 Vues de Rosmal, 1675 et de Oostwalt, 1676, 2 pièces. A la plume, lavé d'encre de Chine.

143 Vues de Eyckelgom, Limael et Nehr, 1674-75, 3 pièces. A la plume, lavé d'encre de Chine.

144 Paysages, 2 pièces. A la plume, lavé d'encre de Chine.

G. GROENEWEGEN.

145 Marines, 2 pièces. A l'encre de Chine. Pièces capitales.

J. F. Barbieri, dit Le GUERCHIN.

146 Etude de deux figures d'homme. A la plume.

T. P. C. HAAG.

147 Louis Marie comte de Welderen, Capitaine de marine, aide de camp de Guillaume V, prince d'Orange. A l'encre de Chine.

A. de HAAN.

148 Le portrait de l'artiste, dessinateur et poète à Amsterdam. A l'encre de Chine et à la sanguine.

J. HACKERT.

149 Paysage de Suisse. A la plume, lavé de bistre.

H. HENSTENBURGH.

150 Papillons. A l'aquarelle, sur peau de vélin.

151 Bouquet de fleurs. A l'aquarelle, sur peau de vélin.

G. de HEUSCH.

152 Paysages, 2 pièces. Au bistre et à l'encre de Chine.

R. de HOOGHE.

153 Femme qui remplit de fleurs un vase tenu par un faune. A la plume, lavé de bistre.

A. HOUBRAKEN.

154 Jésus-Christ en jardinier. A l'encre de Chine. Pièce capitale.

155 La mort de Didon. Au bistre.

156 J. Zeeus, poète à Amsterdam. Lavé en couleurs.

J. HULSWIT.

157 Rempart de ville, dans la manière de *J. Ruisdael*. A l'encre de Chine.

158 Paysage, vue générale. A l'encre de Chine, sur papier bleu.

159 Vue aux environs d'Amsterdam. A l'aquarelle.

160 Autre vue aux environs d'Amsterdam. A l'aquarelle.

C. HUYGHENS.

161 Vue de Zuylichem. A la plume, au bistre.

162 Vue à Dieren. A la plume, au bistre.

J. van HUYSUM.

163 Paysage arcadique. A la plume, lavé en couleurs.

J. JANSON.

164 Paysage avec bétail. A l'encre de Chine.

P. JANSON.

165 Paysage avec bétail. A la mine de plomb.

P. de JODE, *le vieux*.

166 La Ste Cène. A la plume, lavé de bistre.

H. KELLER.

167 Enfans jouant avec des raisins. Au bistre.

T. van KESSEL.

168 Ruine d'un château. A l'encre de Chine.

F. KOBELL.

169 Paysage montagneux. A la plume.

Ph. de KONING.

170 J. van den Vondel, poète. Peint à l'huile, dans un cadre lavé au bistre.

J. KUYPER.

171 Rutger Jan Schimmelpenninck, Grandpensionnaire de la république batave. A l'encre de Chine.

P. de LAER.

172 Halte de cavaliers. A la pierre noire, lavé d'encre de Chine.

173 Cheval debout. Contre-épreuve d'une étude, à la pierre noire.

R. LA FAGE.

174 Sujet de la Fable. A la plume.

P. C. LA FARGUE.

175 Vue de Broek. Au bistre.

G. de LAIRESSE.

176 Jean de Labadie, Fondateur de la secte des Labadistes. A la sanguine et au bistre.

D. LANGENDYK.

177 La défense du passage d'une rivière. A l'aquarelle.

178 La prise de Schoorl, épisode de la descente de l'armée anglo-russe dans la Hollande septentrionale, en 1799. A l'aquarelle. Pièce capitale.

179 Les suites de la guerre, série de 12 pièces et titre. A l'encre de Chine. Série importante.

Lucas de LEIDE.

180 L'adoration des mages. A l'encre de Chine, rehaussé de blanc.

J. LIEVENS.

181 Paysage avec figures et vaches. A la plume, au bistre.

C. LUYKEN.

182 Réunion de figures sur la place publique d'une ville. A la plume, lavé de bistre.

J. LUYKEN.

183 L'hiver. A la plume, lavé d'encre de Chine. Au revers il y a des vers autographes de l'artiste.

184 Vignettes, 3 pièces. A l'encre de Chine et au bistre.

J. LEUPENIUS.

185 Vue à Wyk by Duurstede. Au bistre.

D. MAAS.

186 Halte de cavaliers dans un paysage montagueux. A la pierre noire, lavé en couleurs.

187 Paysage avec cavaliers en route. A la pierre noire, lavé en couleurs.

188 Le siège et la prise de Namur par l'armée du roi Guillaume III, en 1695, en 3 feuilles. A l'encre de Chine. Pièces capitales.

J. VAN DER MEER, *le jeune.*

189 Moutons couchés au pied d'un arbre. A la pierre noire, lavé d'encre de Chine, sur peau de vélin.

MARIE SIBILLE MERIAN.

190 Fruit étalé sur une plinthe, papillons etc. A l'aquarelle, sur peau de vélin.

S. VAN DER MEULEN.

191 Bouquet de fleurs. A l'aquarelle, sur peau de vélin.

192 Bouquet de fleurs. A l'aquarelle, sur peau de vélin.

TH. MEYER.

193 Figures, 2 pièces. A la plume.

A. MEYERINGH.

194 Paysage arcadique. A la plume, lavé d'encre de Chine.

195 Paysage arcadique. A la plume, lavé d'encre de Chine.

W. VAN MIERIS.

196 Portraits de l'artiste et de son épouse, 2 pièces. A l'encre de Chine.

N. MIGNARD.

197 Feuille d'étude. A la pierre noire, sur papier gris.

FR. MOLA.

198 Le sacrament du baptême. A la plume, lavé de bistre, sur papier bleu.

P. MOLYN.

199 Retour de chasse. A la pierre noire, lavé de bistre.

200 Paysage avec un bateau dans une rivière. A la pierre noire, lavé d'encre de Chine.

201 Paysage, vue générale. A la pierre noire, lavé de bistre.

J. DE MOMPER.

202 Sujet de l'histoire de Jonas. De forme ronde. A la plume, lavé en couleurs.

F. DE MOUCHERON.

203 Paysage avec la vue d'une ville. Au bistre.

J. DE MOUCHERON.

204 Le vestibule d'un palais. A l'encre de Chine.

205 Paysage arcadique. Au bistre. Pièce capitale.

G. NETSCHER.

206 C. Tromp, Lieutenant-amiral. A la mine de plomb, lavé d'encre de Chine, sur peau de vélin.

G. NEYTS.

207 Paysages, 2 pièces de forme ronde. Au bistre et à l'encre de Chine.

J. NICOLLS.

208 Le Panthéon à Rome. Au bistre.

G. van NYMEGEN.

209 G. Beuck, A l'encre de Chine.

210 R. E. Bisschop, frère de Simon Episcopius, Négociant à Amsterdam. A l'encre de Chine.

211 P. Cupus, Pasteur rémonstrant à Woerden et son épouse Anna Diedirx, 2 pièces. A l'encre de Chine.

212 S. van Lansbergen, Pasteur rémonstrant à Rotterdam. A l'encre de Chine.

213 A. Matthisius, pasteur rémonstrant à Kampen. A l'encre de Chine.

A. van OSTADE.

214 La cour d'une maison rustique. A la plume, lavé d'encre de Chine.

215 Garçon portant un tonneau. A la plume, lavé en couleurs.

C. DE PAS.

216 Sujet de la Fable. A la plume, lavé d'indigo.

217 J. Lipsius, Professeur d'histoire à Louvain. A la plume, au bistre.

G. PENCX.

218 Sujet de la Bible. A la plume, lavé de bistre.

J. C. PHILIPS.

219 P. van Laer, peintre. A la plume, lavé d'encre de Chine.

B. PICART.

220 Sujets de la Passion, 4 pièces. A l'encre de Chine.

221 Prisonnier qu'on vient de mettre les menottes, d'après *Ann. Carrache.* A la sanguine.

222 Sujets de la Bible, 2 pièces. A l'encre de Chine. Pièces capitales.

H. POTHOVEN.

223 S. Dedel, Capitaine de marine. A l'encre de Chine.

224 A. Stellingwerf, Lieutenant-amiral. A l'encre de Chine.

225 E. de Vry Temminck, Bourguemaître d'Amsterdam. A l'encre de Chine.

PAUL POTTER.

226 Paysage avec une ville forte. Croquis à l'encre de Chine.

227 Vache qui pisse, sur une petite hauteur il y a deux moutons, dont l'un est couché et l'autre debout. A la mine de plomb.

A. PYNACKER.

228 Etude de paysage. A la mine de plomb, lavé de bistre.

229 Vue d'un pont aux environs de Rome. A la mine de plomb, lavé d'encre de Chine.

RAPHAEL D'URBIN.

230 Fragment d'ornemens. A la plume, au bistre.

REMBRANDT VAN RYN.

231 Jeune femme, tenant un bâton. Au bistre, sur papier de Chine. *Vosmaer* p. 518.

> NOTA. Voir: Rembrandt Harmens van Ryn sa vie et ses oeuvres par C. Vosmaer. La Haye Martinus Nyhoff. 1868.

D'après REMBRANDT.

232 L'annonciation aux bergers. A la plume, au bistre.

233 Lancelot de Brederode, Conseiller à la cour de Hollande, à La Haye. A l'encre de Chine, par *J. Stolker. Vosmaer* p. 439.

234 Françoise van Wassenhoven, veuve de E. Poppius, pasteur rémonstrant. A l'encre de Chine, par *J. Stolker. Vosmaer* p. 474.

ECOLE DE REMBRANDT.

235 Retour de l'enfant prodigue. A l'encre de Chine et à la gouache.

236 Les pélerins d'Emmaüs. A la plume, lavé de bistre, rehaussé de blanc.

237 Repos d'une femme et de trois enfans, près d'une haie délabrée. A la plume.

J. E. RIEDINGER.

238 La chasse aux oiseaux. A la plume, au bistre, lavé d'encre de Chine. Avec des notes autographes de l'artiste, ainsi qu'aux deux suivants.

239 La prise du renard. A la plume, au bistre, lavé d'encre de Chine.

240 Manière de prendre les cerfs. A la plume, au bistre, lavé d'encre de Chine.

R. ROGHMAN.

241 Intérieur d'un bois avec un muletier et autres figures. Au bistre, lavé d'encre de Chine.

JULES ROMAIN.

242 Etudes de figures romaines, 2 pièces. A la plume, lavé de bistre.

P. P. RUBENS.

243 Prêtre siamois, attaché à l'ambassade à la cour de Charles I, Roi d'Angleterre. A la pierre noire. Avec le facsimilé, gravé par *W. Baillie.*

D'après RUBENS.

244 Damas Jansz. Pesser, à Rotterdam. A l'encre de Chine, par *J. Stolker.*

J. RUISDAEL.

245 Pont de bois au travers d'une rivière près d'une grosse tour, vue à Alkmaar. A la pierre noire, lavé d'encre de Chine.

246 Vue d'Arnhem. A l'encre de Chine.

247 Vue d'Amerongen, sur le revers la vue de Wyk by Duurstede. A l'encre de Chine.

248 Paysage avec un pêcheur à la ligne, au fond des moulins à vent. A la pierre noire et à l'encre de Chine.

249 Paysage avec fabriques. A la pierre noire, lavé d'encre de Chine.

RUTGERS, dit LE VIEUX RUTGERS.

250 Paysage. Au bistre.

C. SAFTLEVEN.

251 Etude d'un homme assis endormi. A la pierre noire, rehaussé de blanc, sur papier gris.

252 Etude d'un homme assis. A la pierre noire, sur papier gris.

253 Etude d'un homme debout. A la pierre noire, rehaussé de blanc, sur papier bleu.

254 Etude d'une tête de chien. Au pastel.

255 Des lézards. A la pierre noire, lavé en couleurs.

256 Une biche morte. A la pierre noire, lavé en couleurs.

257 Paysage avec cicognes. A la pierre noire et à la sanguine, lavé d'encre de Chine.

258 Paysages avec fabriques, 2 pièces. A la pierre noire, lavé d'encre de Chine.

H. SAFTLEVEN.

259 Etude de figures. A la plume, lavé d'encre de Chine.

260 Halte de figures dans la campagne. A la plume, lavé d'encre de Chine.

261 Paysages, vues générales, 2 pièces. A la pierre noire, lavé de bistre. Pièces capitales.

262 Paysage avec une fabrique délabrée. A la pierre noire, lavé en couleurs.

263 Les douze mois de l'année, suite de 12 pièces. A l'aquarelle. Série importante.

264 Anciennes portes de ville, 2 pièces. A la pierre noire, lavé au bistre. Pièces capitales.

F. SALVIATI.

265 Sujet de l'histoire romaine. A l'aquarelle.

ANDRÉ DEL SARTO.

266 Etude d'homme. A la pierre noire.

R. SAVERY.

267 Paysage. A la plume, au bistre.

G. SCHALCKEN.

268 M. van den Broeck, Amiral d'une flotte de retour des Indes-Orientales. A la plume, lavé de bistre.

W. SCHELLINGS.

269 Ruines d'un ancien bâtiment. Au bistre.

A. SCHOUMAN.

270 Paysage avec des poules, un paon et autres oiseaux. A l'aquarelle.

271 Paysage avec divers oiseaux. A l'aquarelle.

272 Paysage avec un oiseau aquatique. A l'aquarelle.

273 Un oiseau de proie. A l'aquarelle.

274 Un oiseau aquatique. A l'aquarelle.

275 Les frères J. et C. Evertsen, Lieutenants-amiraux, 2 pièces. A l'encre de Chine.

276 J. van Spaan, Pasteur réformé à La Haye et à Amsterdam, poète. A l'encre de Chine.

277 J. A. Zoutman, Vice-amiral. A l'encre de Chine.

A. SILO.

278 Paysages montagneux entrecoupés de rivières, 2 pièces. A la gouache.

B. SPRANGER.

279 Etude académique d'homme. A la plume lavé de bistre, sur papier gris.

J. STOLKER.

280 J. Arminius, Professeur de théologie à Leide et son épouse Elisabeth Reael, 2 pièces. A l'encre de Chine.

281 N. Berghem, Peintre à Harlem. A l'encre de Chine.

282 J. de Bisschop, dit Episcopius, Amateur des beaux arts, dessinateur et graveur à l'eau-forte, à La Haye. A l'encre de Chine.

283 Th. Comans et son épouse T. H. Verbeek, 2 pièces, d'après *F. Bol.* A l'encre de Chine.

284 J. J. Couwenhoven, à Rotterdam, d'après *L. de Jong.* A l'encre de Chine.

285 P. Cupus, Pasteur rémonstrant à Woerden. A l'encre de Chine.

286 J. C. Duin, Bourguemaître de Rotterdam. A l'encre de Chine.

287 C. P. Hooft, Bourguemaître d'Amsterdam. A l'encre de Chine.

288 A. Matthisius, Pasteur rémonstrant à Kampen. A l'encre de Chine.

289 J. van Oldenbarnevelt et son épouse Maria van Utrecht. A l'encre de Chine.

290 M. Teeling, Pasteur réformé à Middelbourg. A l'encre de Chine.

291 D. Wittius, Pasteur rémonstrant à Schoonhoven. A l'encre de Chine.

A. STORCK.

292 Episodes des batailles navales entre les flottes anglo-françaises et néerlandaises, en 1673, 2 pièces. A la plume, lavé d'encre de Chine.

H. van SWANEVELT.

293 Ruines du palais des empereurs à Rome. A la plume, au bistre.

A. TEMPESTA.

294 Chasse au cerf. A la plume, au bistre.

J. van der ULFT.

295 Paysages avec fabriques et figures, 2 pièces de forme ronde. A la plume, lavé de bistre.

296 Halte de militaires et halte sur la glace, 2 pièces. A la plume, lavé d'encre de Chine.

297 Vues du Levant, 2 pièces. A la plume, lavé de bistre.

J. UYTTENWAEL.

298 La résurrection de Lazare. A la plume, lavé de bistre, rehaussé de blanc.

PERIN del VAGA.

299 Un père de l'Eglise. Au bistre, rehaussé de blanc.

E. van de VELDE.

300 Paysage. A la plume.

301 Paysage d'hiver animé par des fabriques et des patineurs. A la pierre noire, lavé d'encre de Chine.

W. van de VELDE.

302 Etudes de vaisseaux de guerre, 2 pièces. A la plume.

303 Marine avec de grands rochers. A l'encre de Chine, sur papier bleu.

A. van de VENNE.

304 La mort entraînant un homme. A la plume, lavé de bistre.

A. VERBOOM.

305 Une porte à Clèves. A la plume, lavé d'encre de Chine.

N. VERKOLJE.

306 Statue d'enfant. A la pierre noire, lavé de bistre.

307 Groupe de deux enfans jouant avec un petit chien. A la pierre noire, lavé de bistre.

308 Les vertus innocentes ou leurs simboles sous des figures d'enfans, suite de 9 pièces. A la sanguine, lavé de bistre.

309 Lud. Smids, Médecin, amateur d'antiquités, poète, avec six vers hollandais de *S. Feitama*. A l'encre de Chine.

H. VERSCHURING.

310 Départ pour la chasse. A l'encre de Chine.

311 Etudes d'animaux et d'une charrette, 2 pièces. A l'encre de Chine.

R. VINKELES.

312 Paysages d'hiver et d'été, 2 pièces. A la plume.

313 J. de Dekker, poète, d'après *Rembrandt*. A l'encre de Chine.

Cl. J. VISSCHER.

314 Entrevue de Fréderic-Henri, prince d'Orange et d'un officier étranger dans un camp retranché. A la plume, lavé d'encre de Chine.

Corn. de VISSCHER.

315 Portrait d'homme. A la pierre noire, lavé d'encre de Chine.

J. de VISSCHER.

316 M. A. de Ruyter, Amiral. A la pierre noire et à l'encre de Chine, sur peau de vélin.

M. de VOS.

317 Jésus et les pélerins d'Emmaüs. A la plume, lavé de bistre.

J. WANDELAAR.

318 Sujets de genre, 2 pièces. A la sanguine.

A. WATERLOO.

319 Paysage avec une fabrique. A l'encre de Chine, rechaussé de blanc, sur papier bleu.

320 Paysage aux environs de Harlem. A l'encre de Chine, rehaussé de blanc, sur papier bleu.

321 Intérieur du bois près de Harlem. A l'encre de Chine, rehaussé de blanc, sur papier bleu.

322 Paysage montagneux, vue générale. A la pierre noire, lavé d'encre de Chine. Pièce capitale.

323 Paysage montagneux (Bentheim.) A la pierre noire, lavé d'encre de Chine. Pièce capitale.

A. WATTEAU.

324 Sujet galant. A la sanguine, rehaussé de blanc, sur papier bleu.

J. WEENIX.

325 La chasse au cerf. Peint à l'huile.

326 Paysage, sur l'avant-plan du gibier mort. Peint à l'huile.

J. B. WEENIX.

327 La chasse au faucon. A la pierre noire, lavé d'encre de Chine.

A. van der WERFF.

328 La Vierge avec l'enfant dans un paysage. A la sanguine, lavé d'encre de Chine.

A. WILLAERTS.

329 Etudes de figures d'hommes, 3 pièces. A la plume.

Th. WILLEKENS.

330 Paysages, 2 pièces. A la plume, lavé de bistre.

J. WILS.

331 Ancien couvent ou chapelle à Lyon. A l'encre de Chine.

J. de WIT.

332 Jésus en croix. A la plume, lavé d'encre de Chine.

333 La vie de S. François, suite de 4 pièces. A la plume, lavé de bistre.

334 Des anges avec des guirlandes de fleurs. A la plume, lavé en couleurs.

335 Jeux d'enfans. A la plume, lavé de bistre, rehaussé de blanc.

J. DE WIT.

336 Divers sujets, 4 pièces. A la plume, lavé de bistre et d'encre de Chine.

337 Divers sujets, 4 pièces. A la plume, lavé de bistre, d'encre de Chine
et en couleurs.

PH. WOUWERMAN.

338 Un homme tenant par la bride un cheval qui se cabre et qui est
aboyé par un chien. A la pierre noire, lavé d'encre de Chine.

TH. WYCK.

339 Puits dans la cour d'un ancien bâtiment. A l'encre de Chine.

340 Paysage avec ruines et une rivière. A la plume, lavé de bistre et
d'encre de Chine.

F. XAVERY.

341 Conversation de trois personnes devant une maison. A la gouache.

342 Guillaume V, prince d'Orange, dans un encadrement emblématique.
A la plume, lavé de bistre.

R. ZEEMAN.

343 La grande bataille navale, dit de quatre jours, entre les flottes
anglaise et néerlandaise, en 1666. A la plume, lavé de bistre.

F. ZUCCARO.

344 Portrait de jeune homme, 2 pièces. A la sanguine.

345 Statue d'un ecclésiastique. A la plume, lavé de bistre et d'indigo.

346 Figures emblématiques de femmes, 2 pièces d'ornemens de sculpture.
A la plume, lavé en couleurs.

347—50 Dessins de maîtres divers. En lots.